Marées Mystiques

Adulte Book Edition de la Sirène A Colorier

Coloring Bandit

Publié par Speedy Publishing Canada Limited

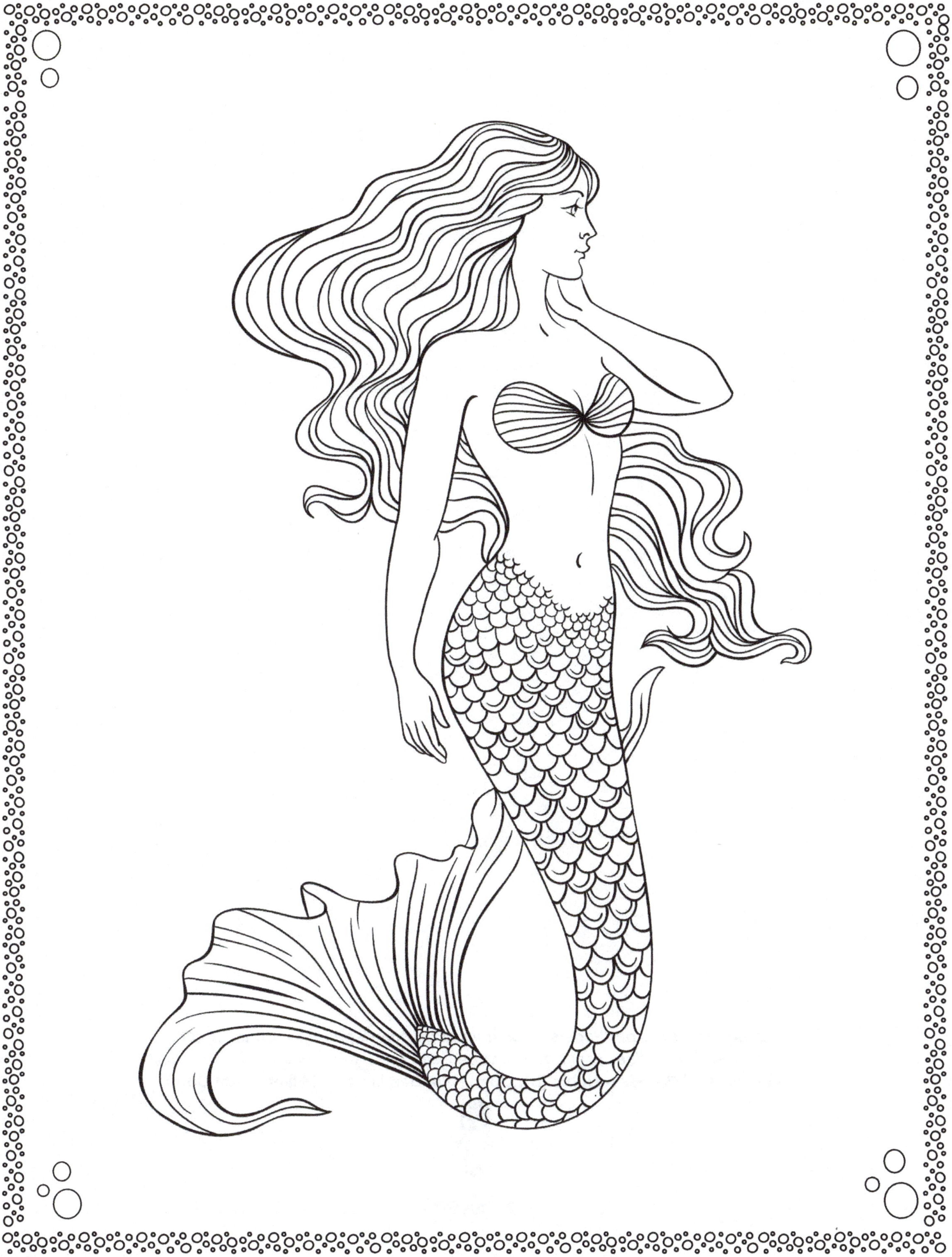

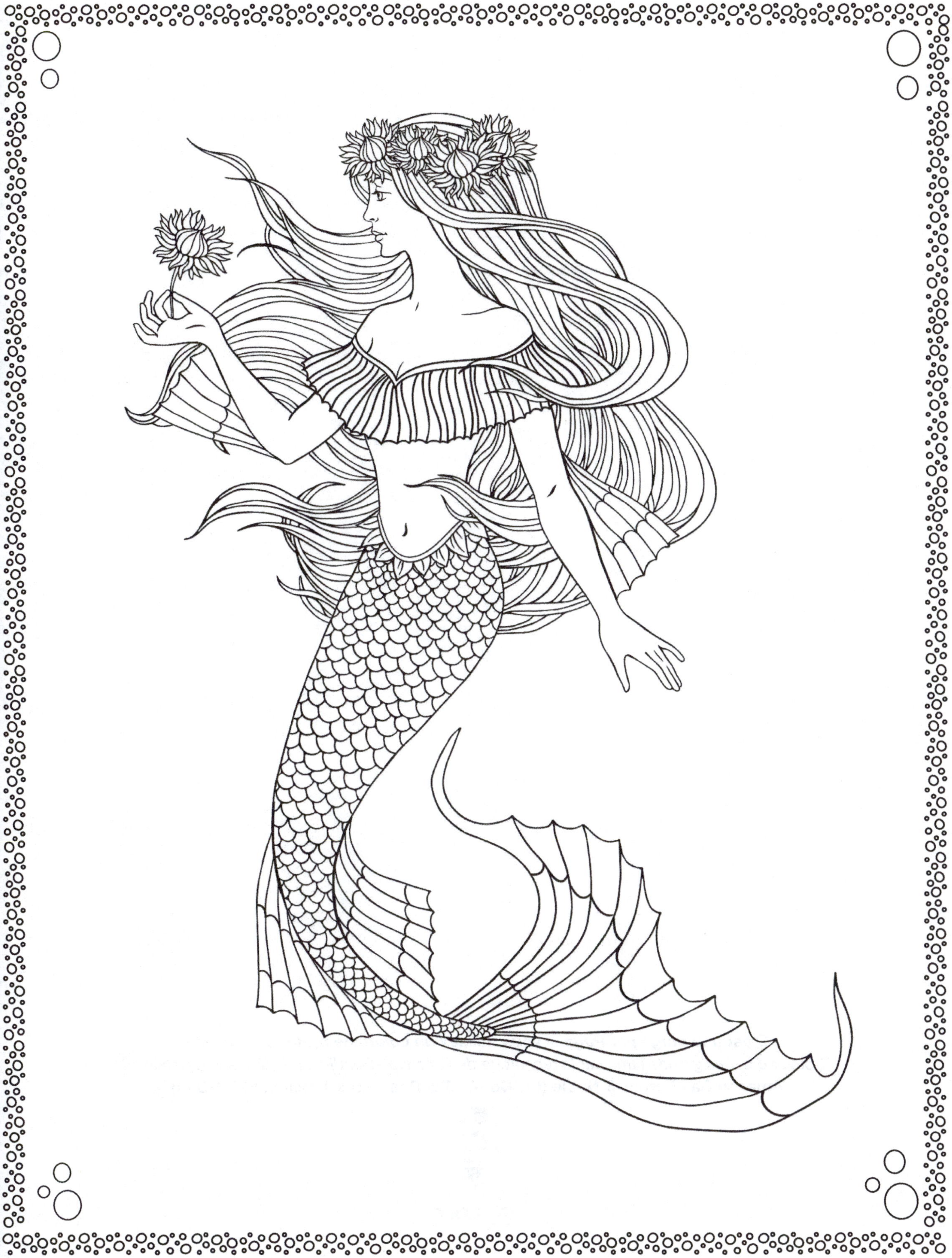

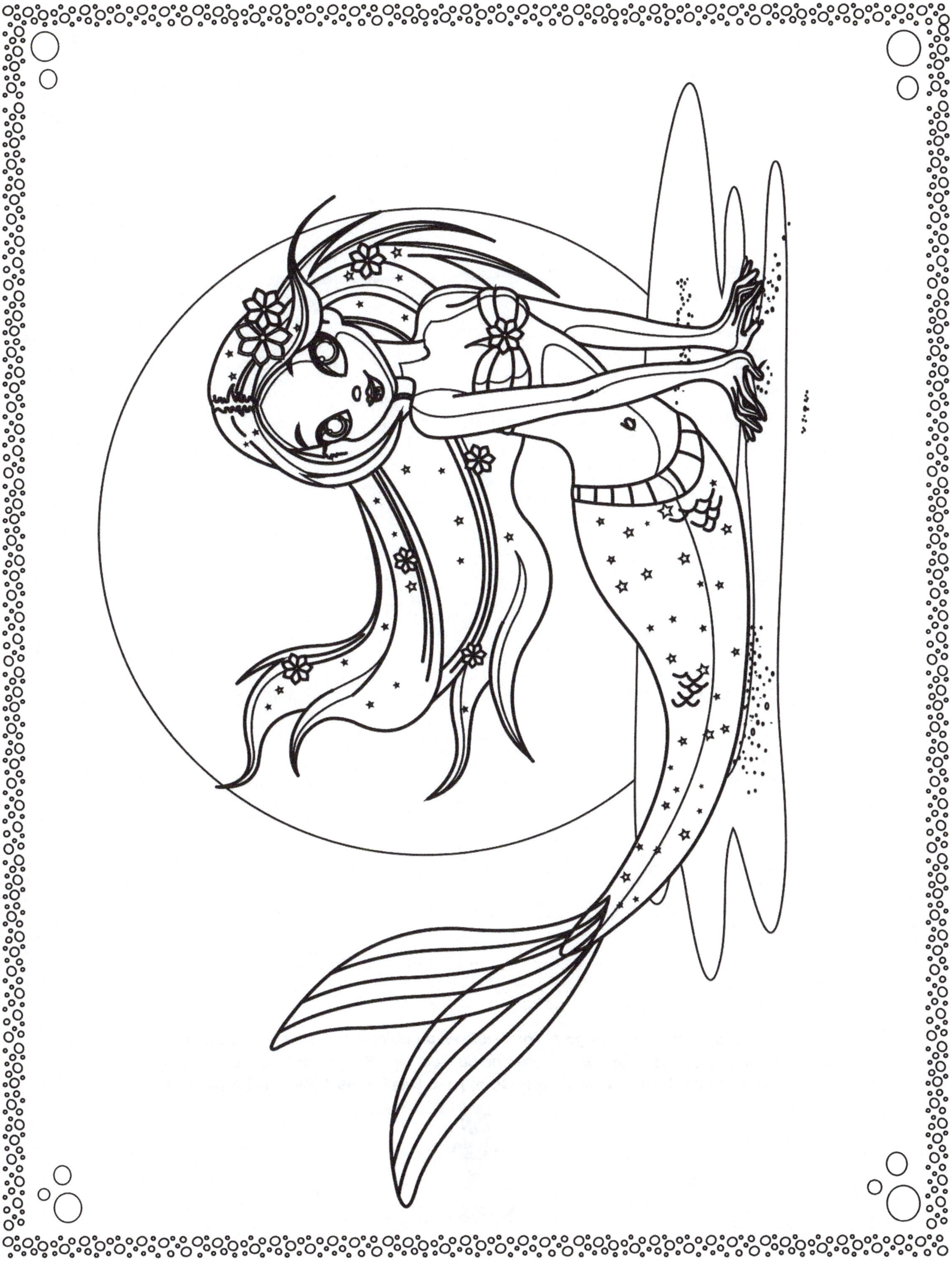

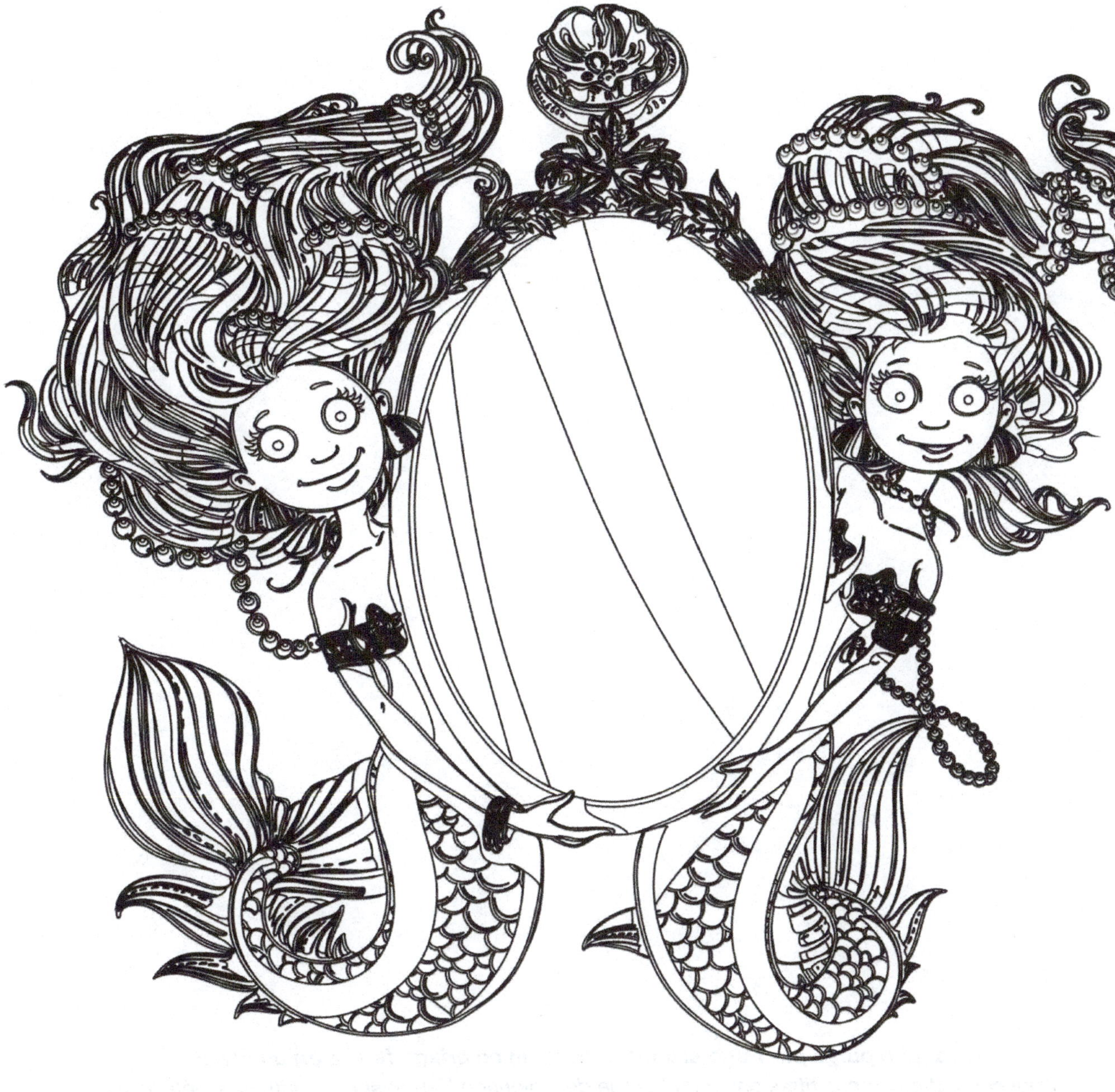

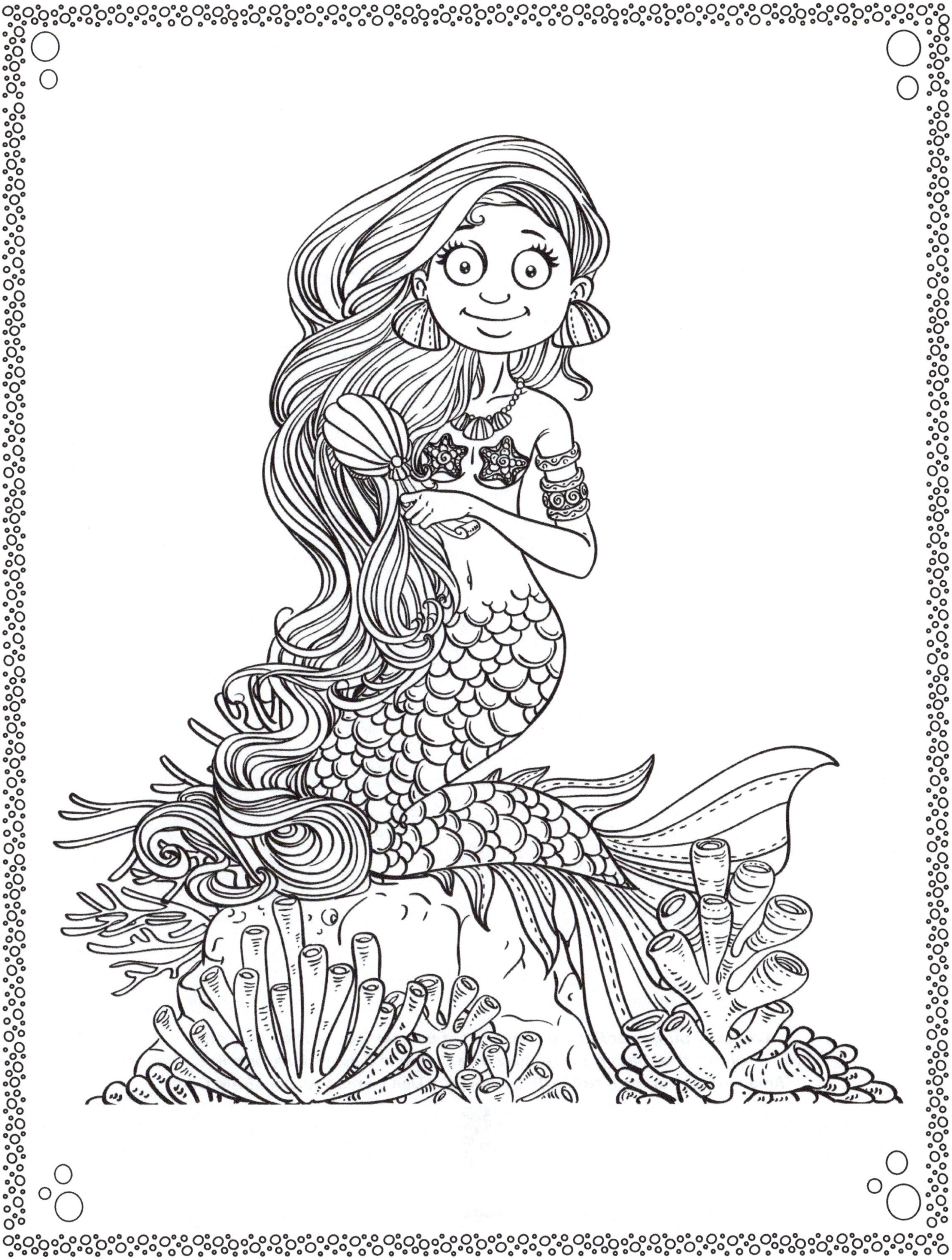

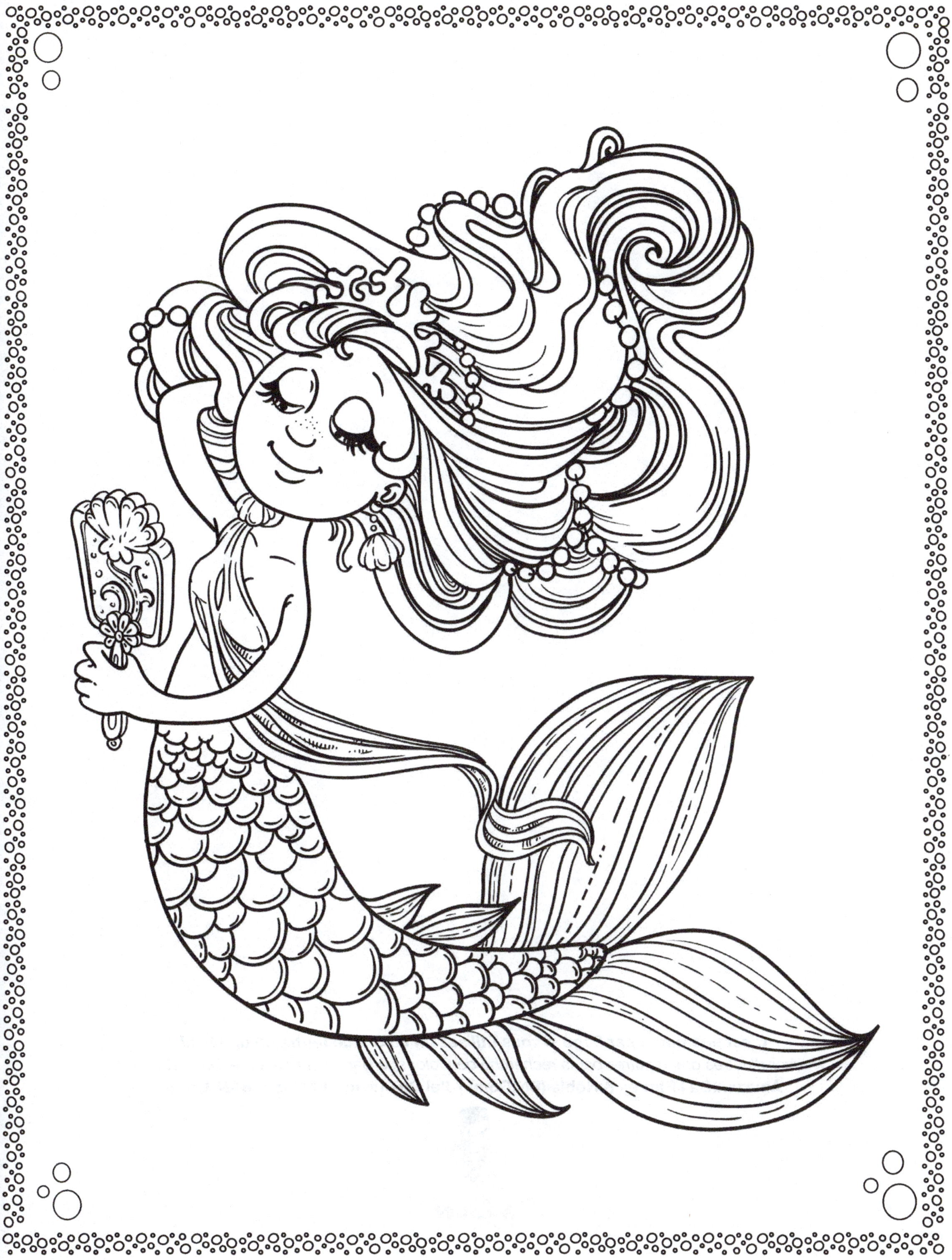

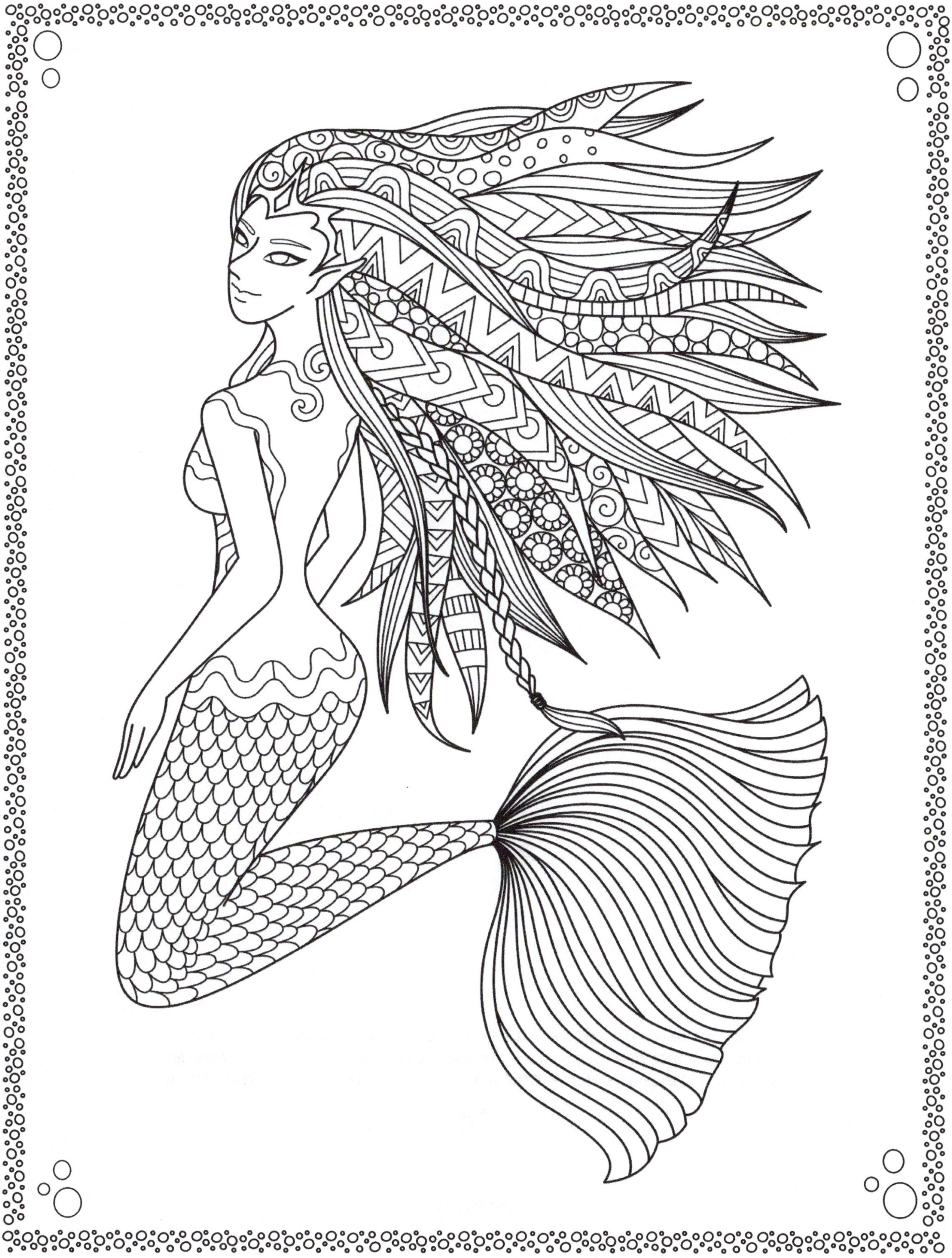

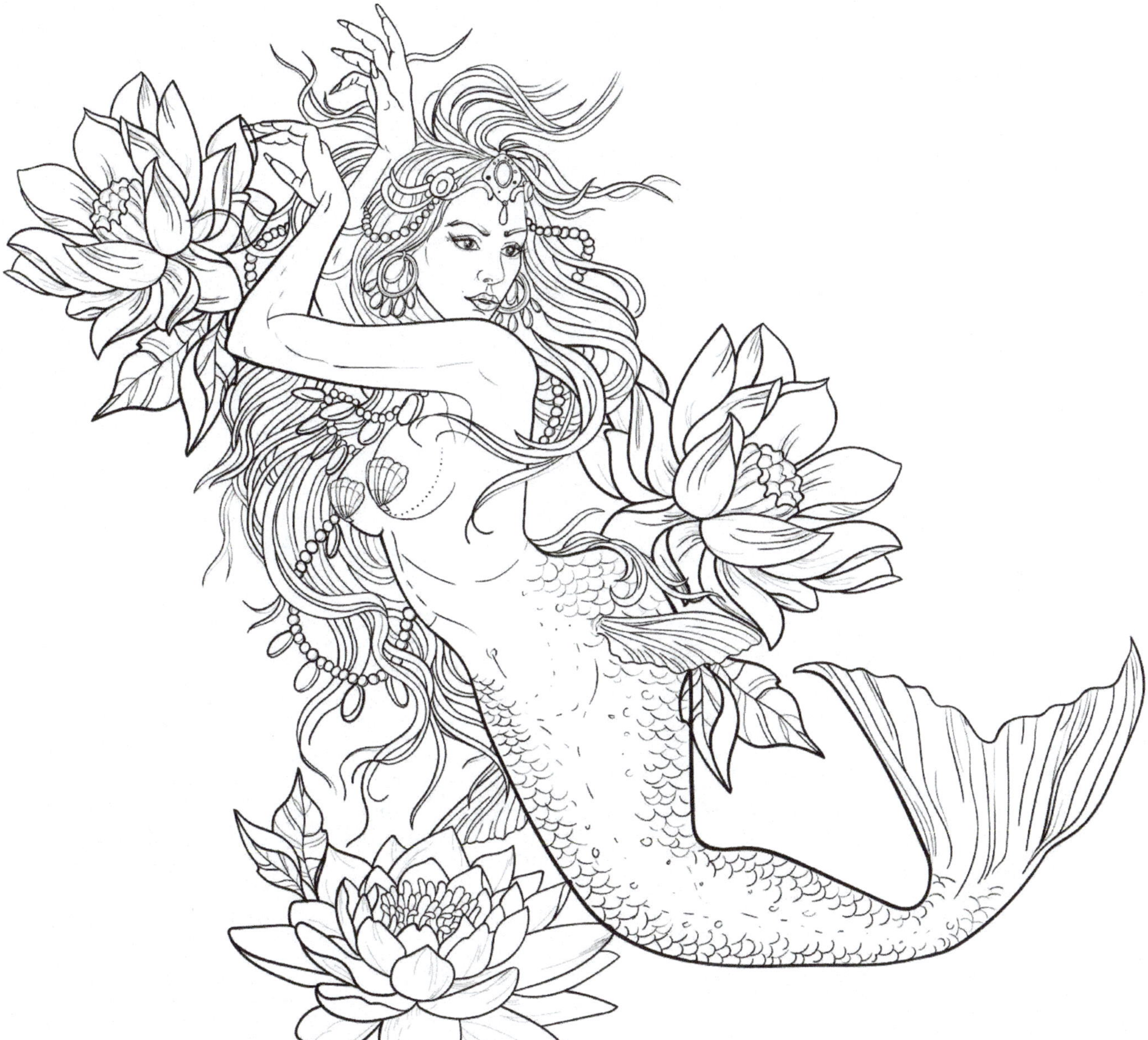

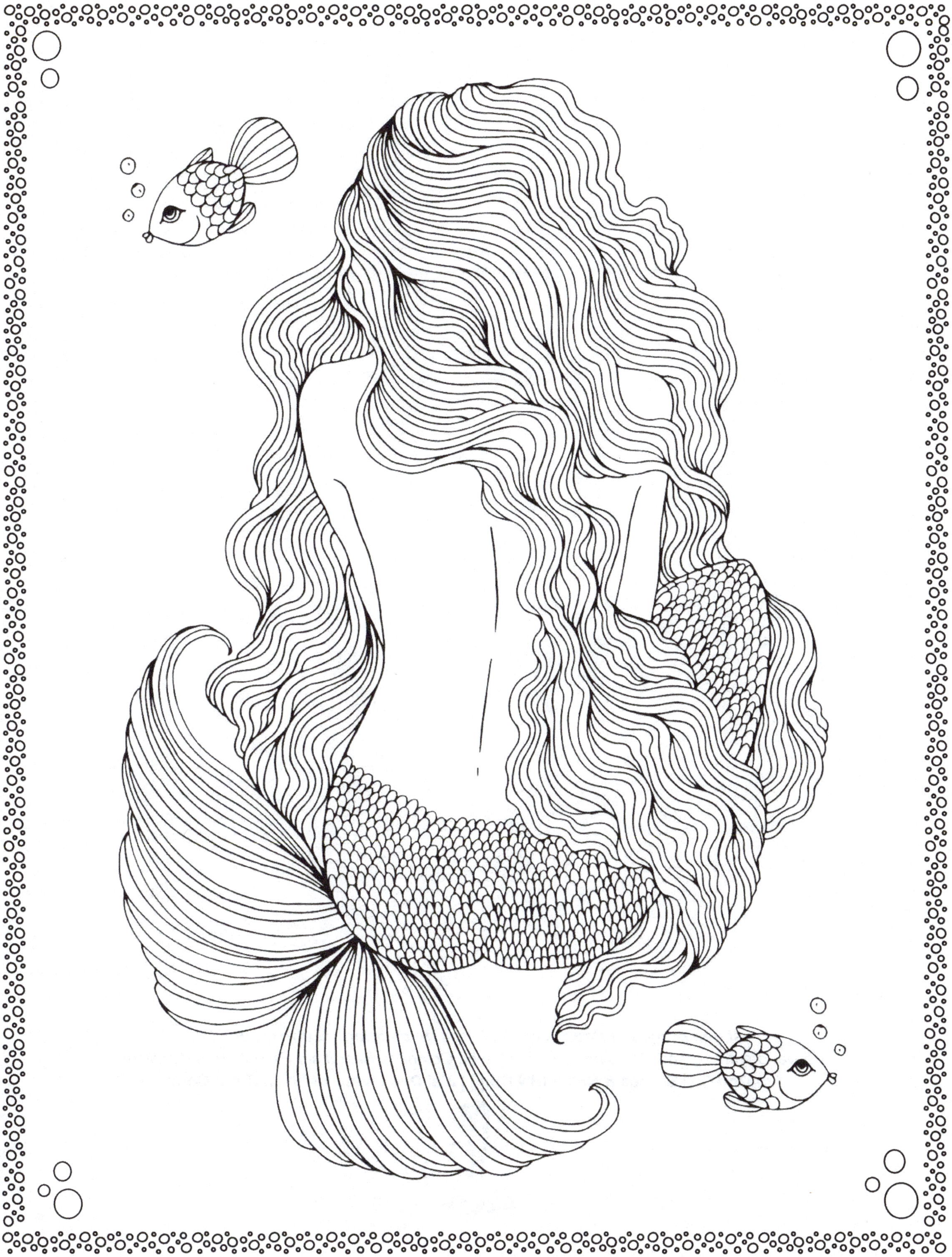

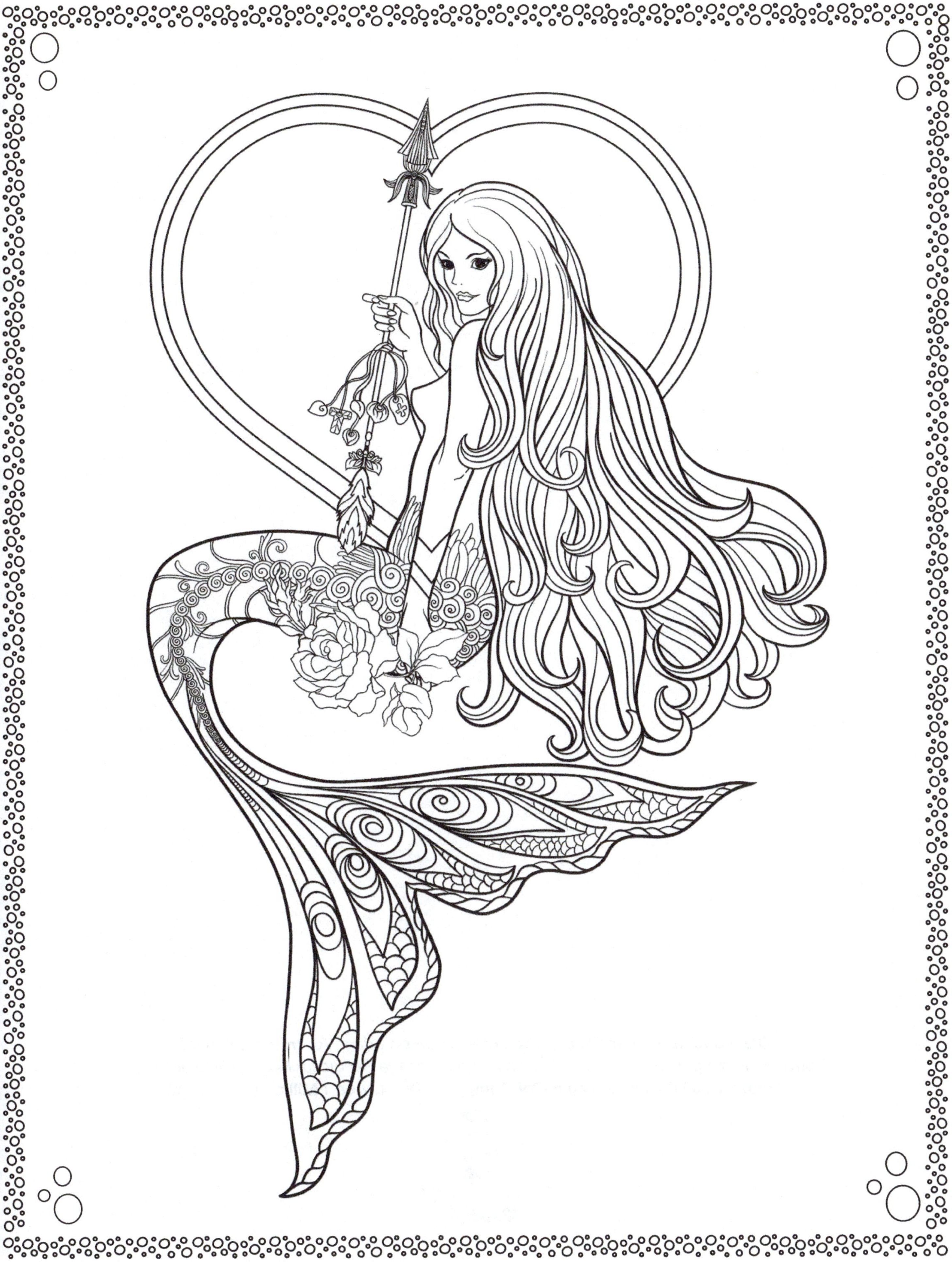

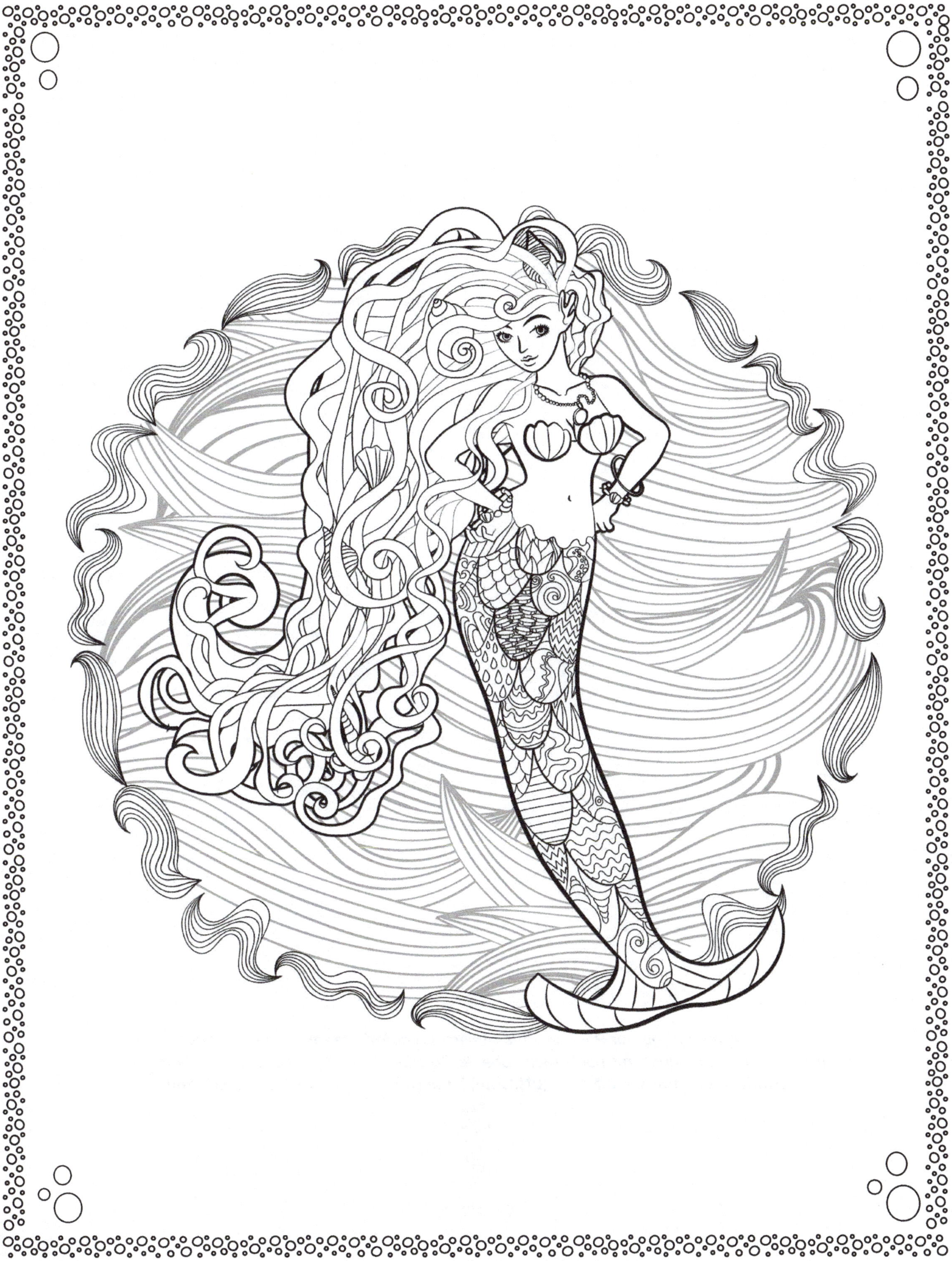

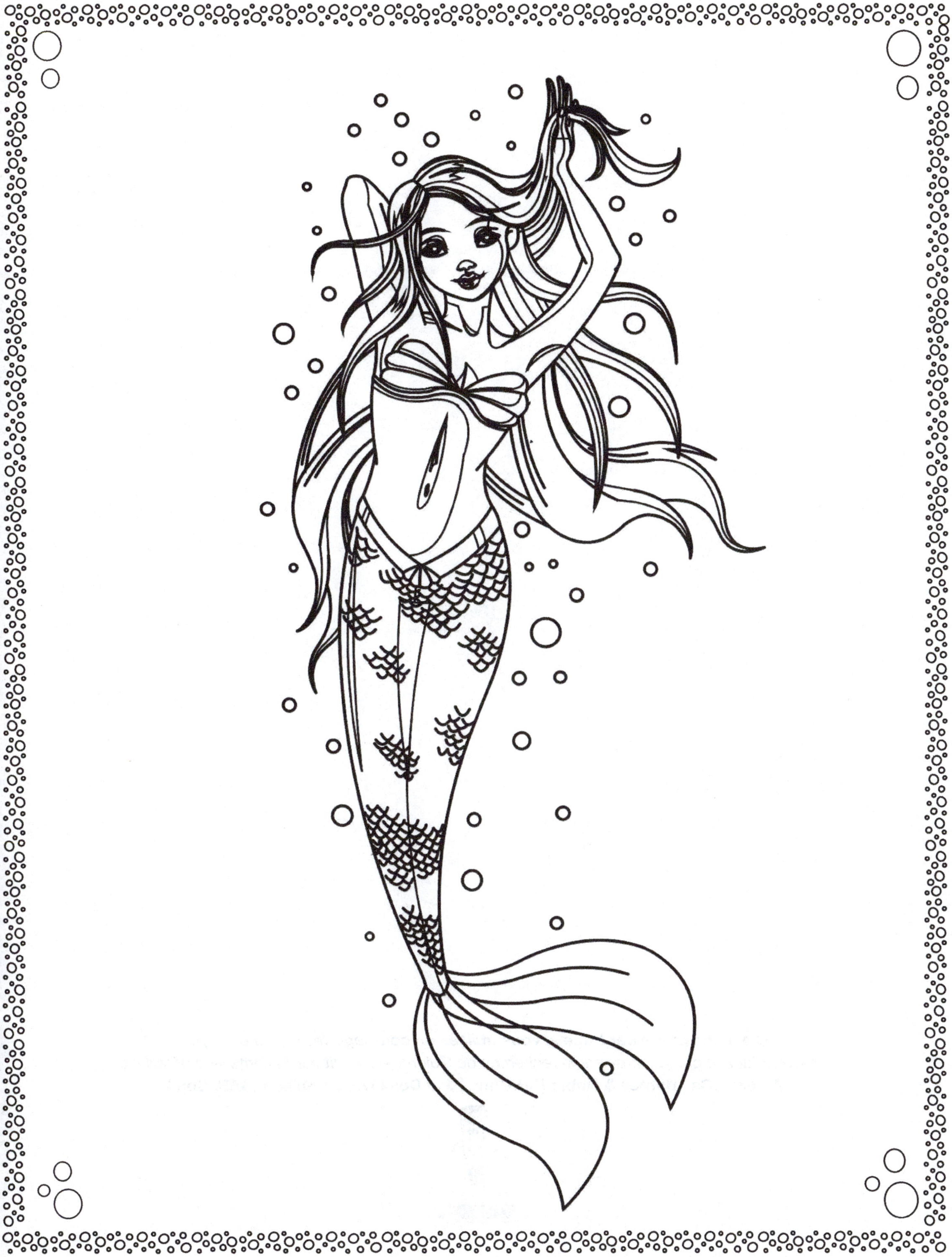

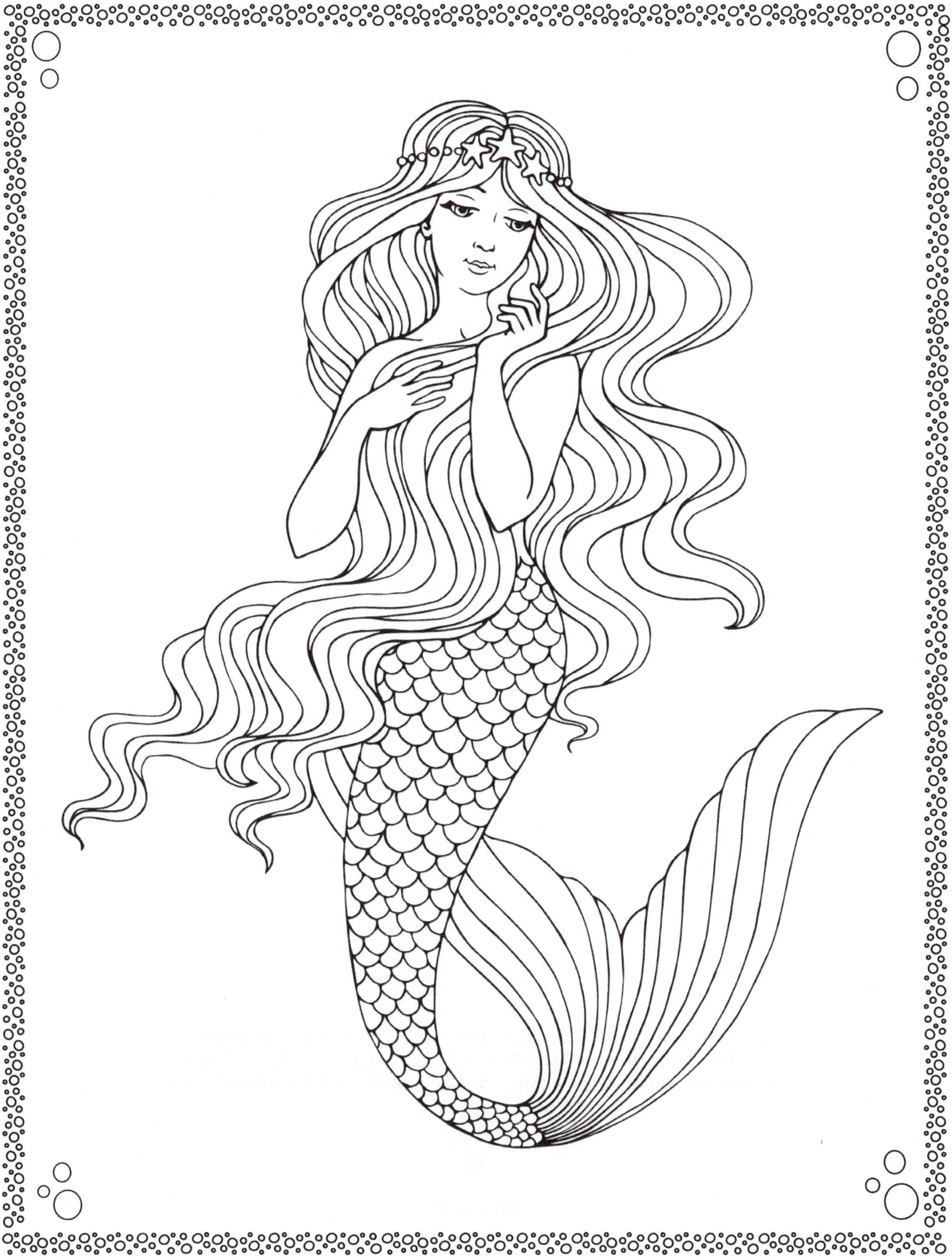

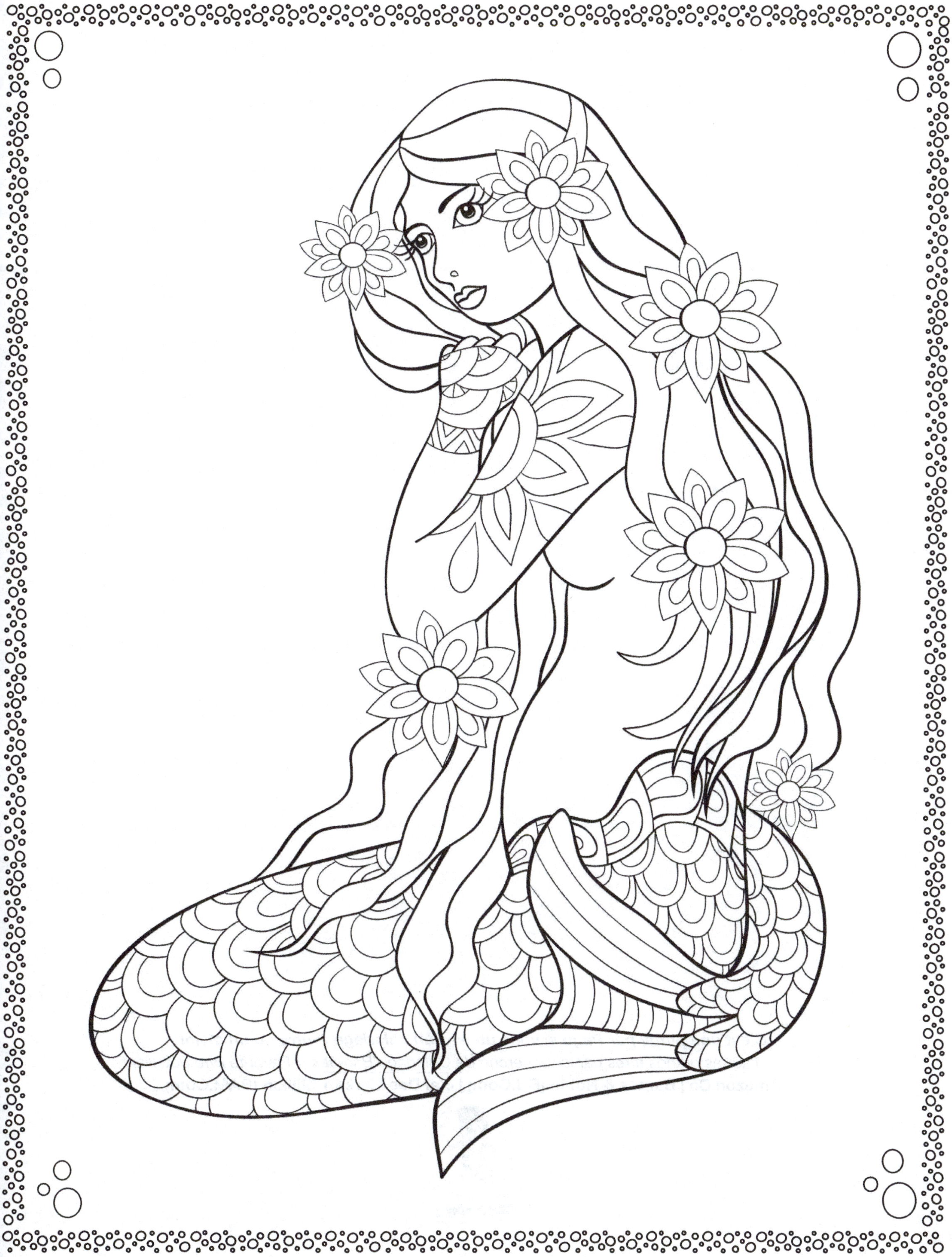

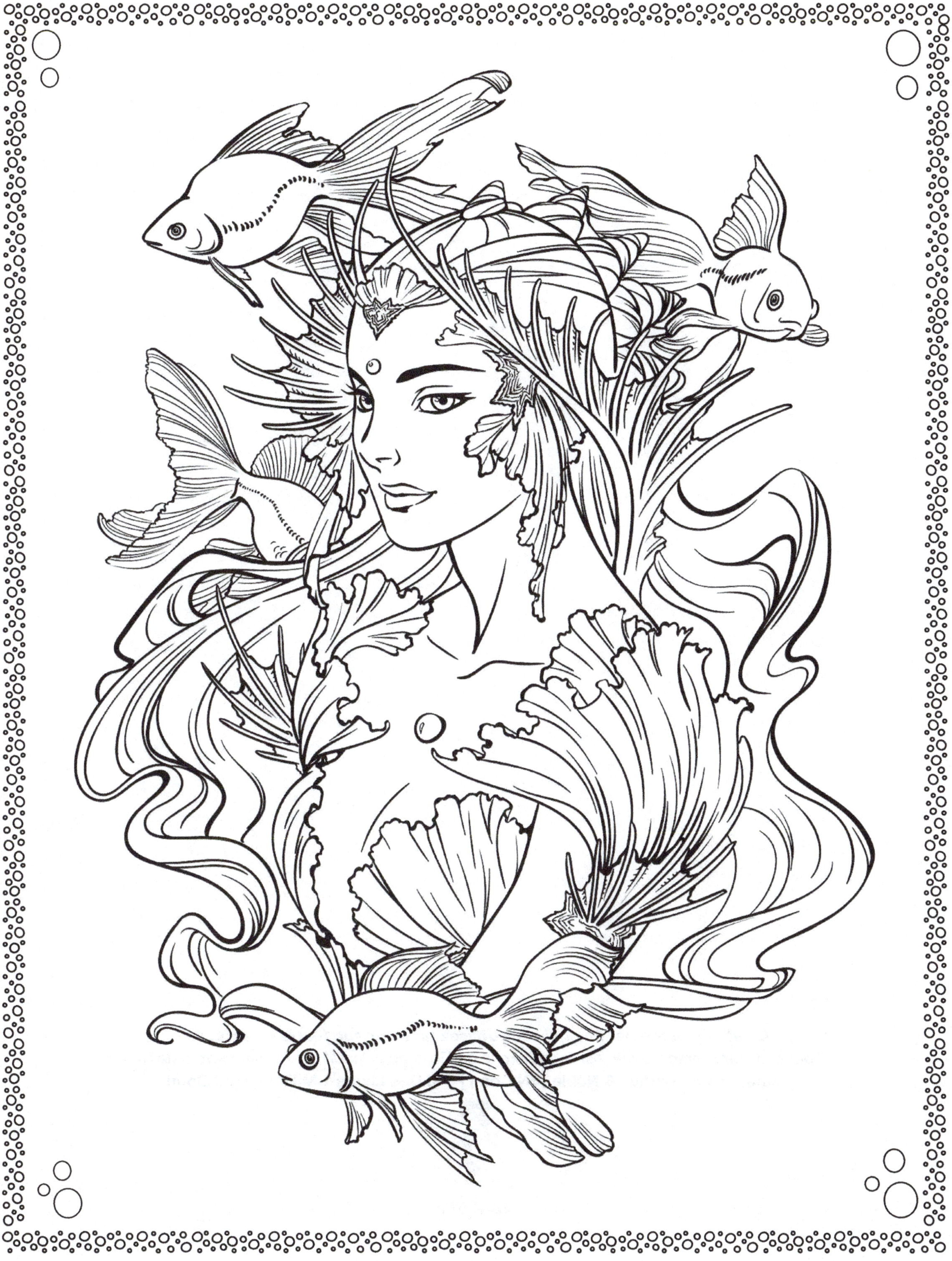

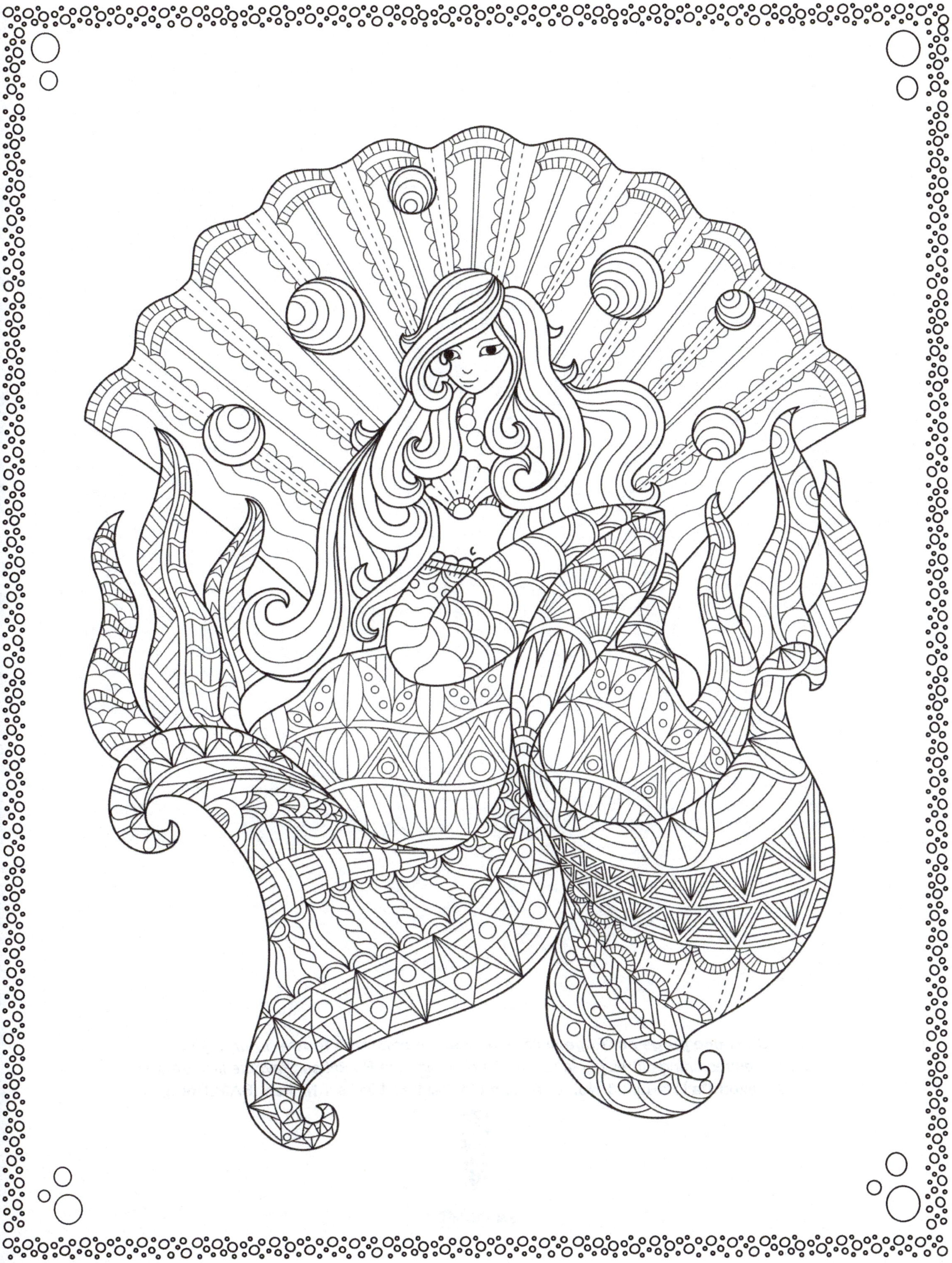

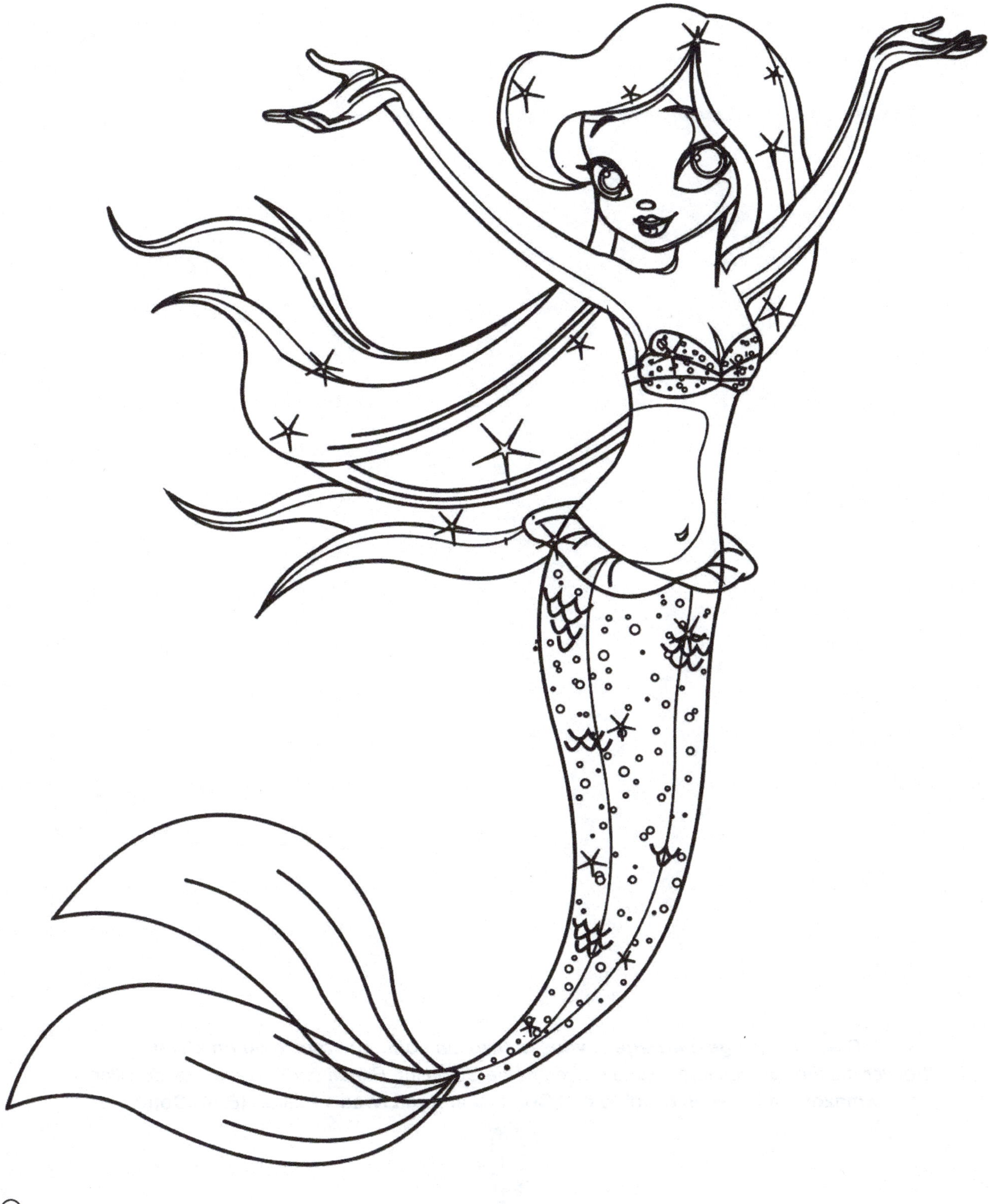

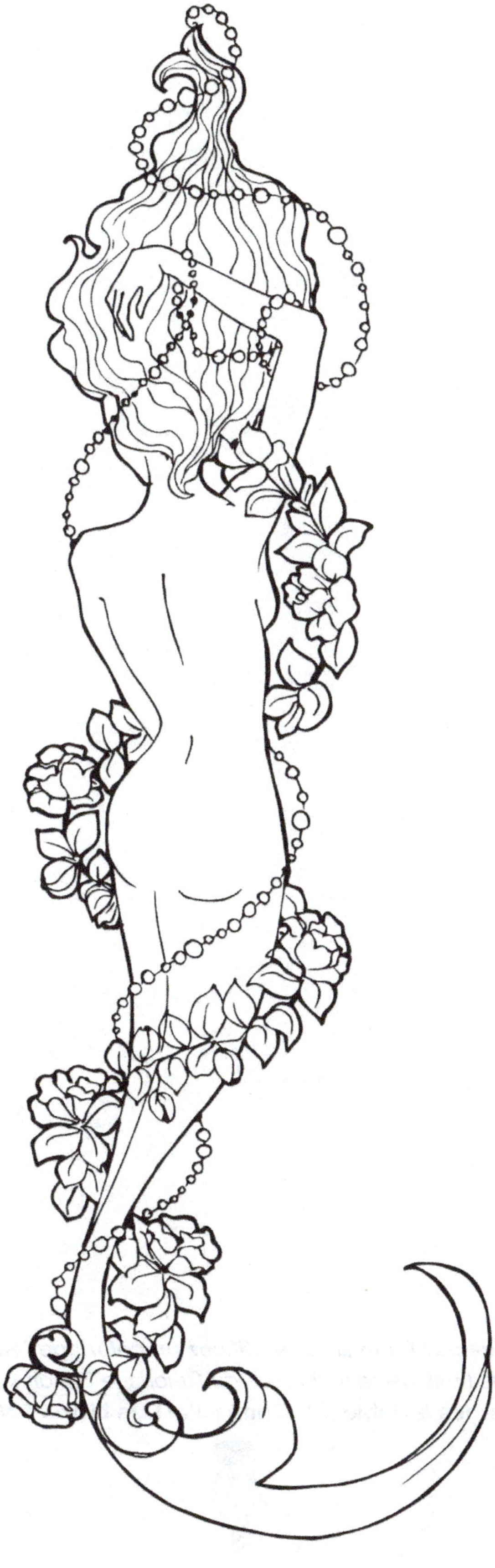

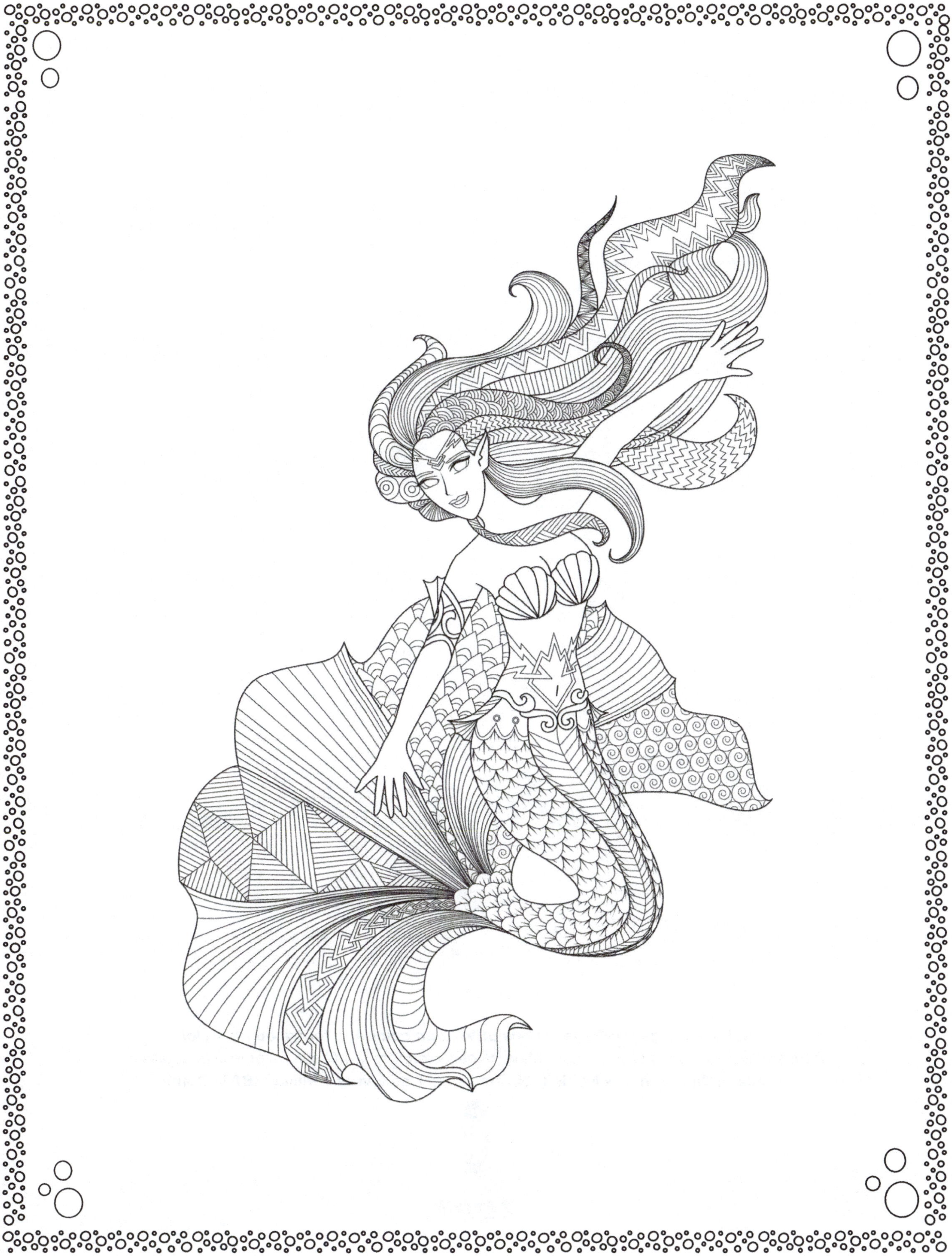

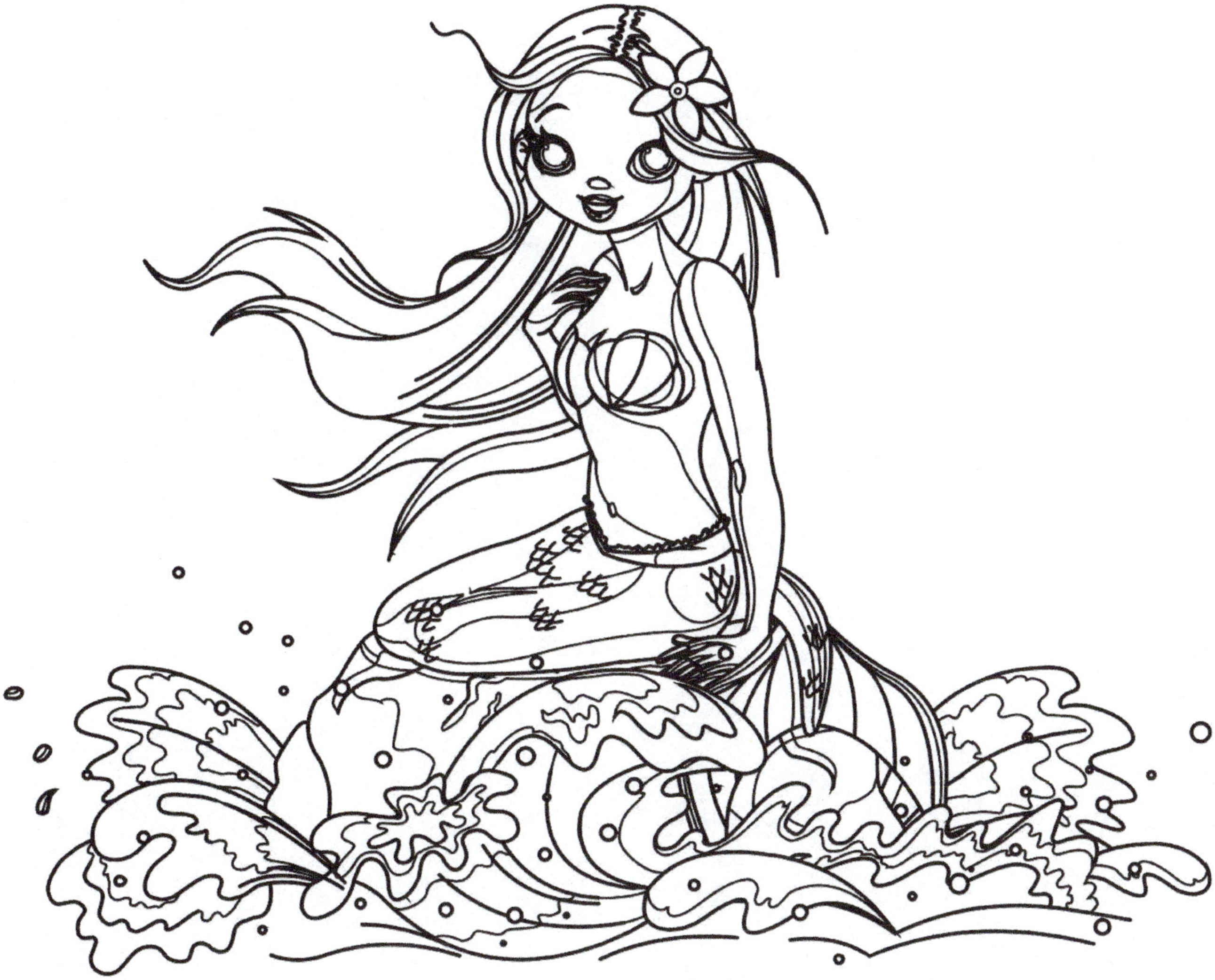

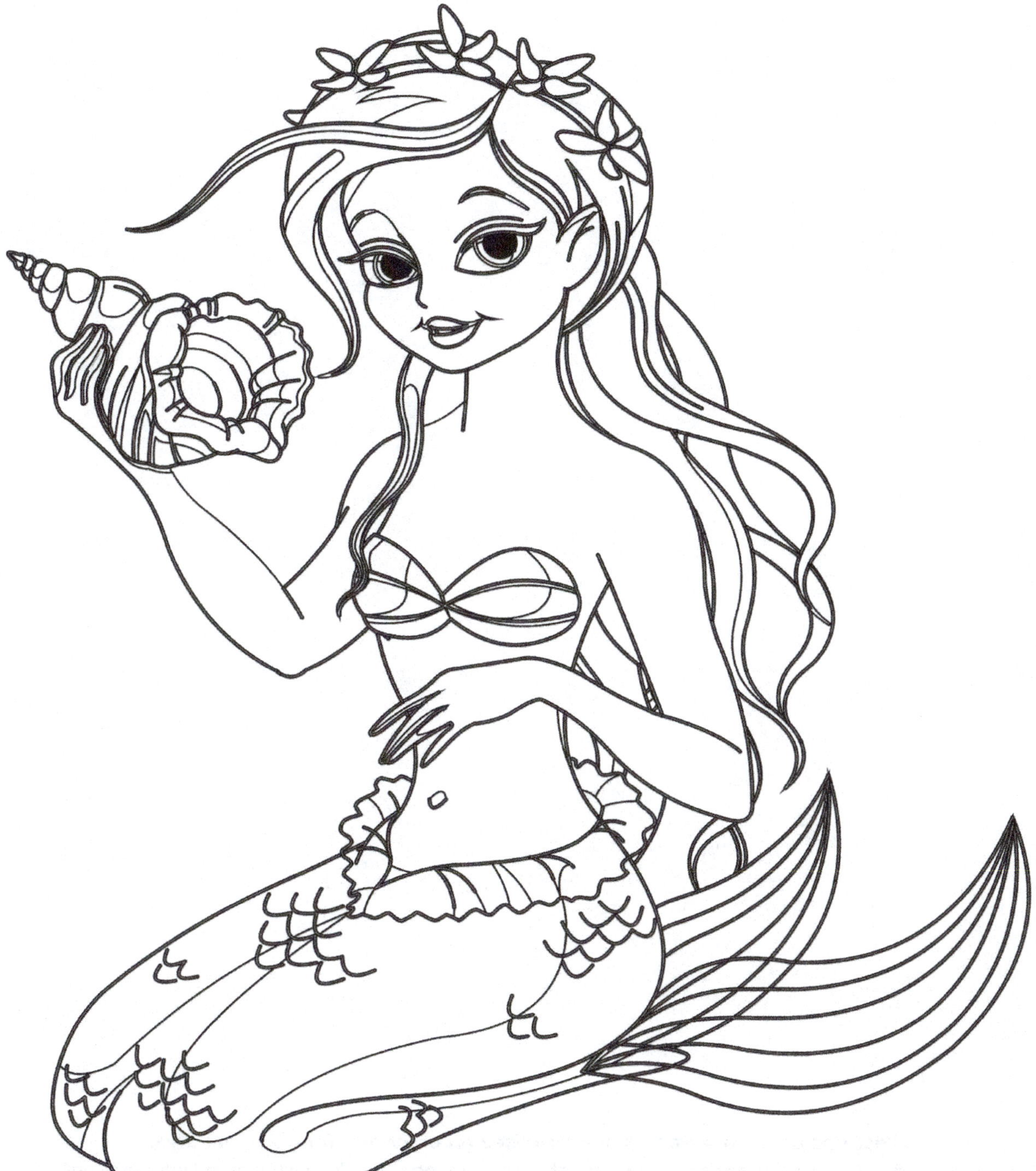

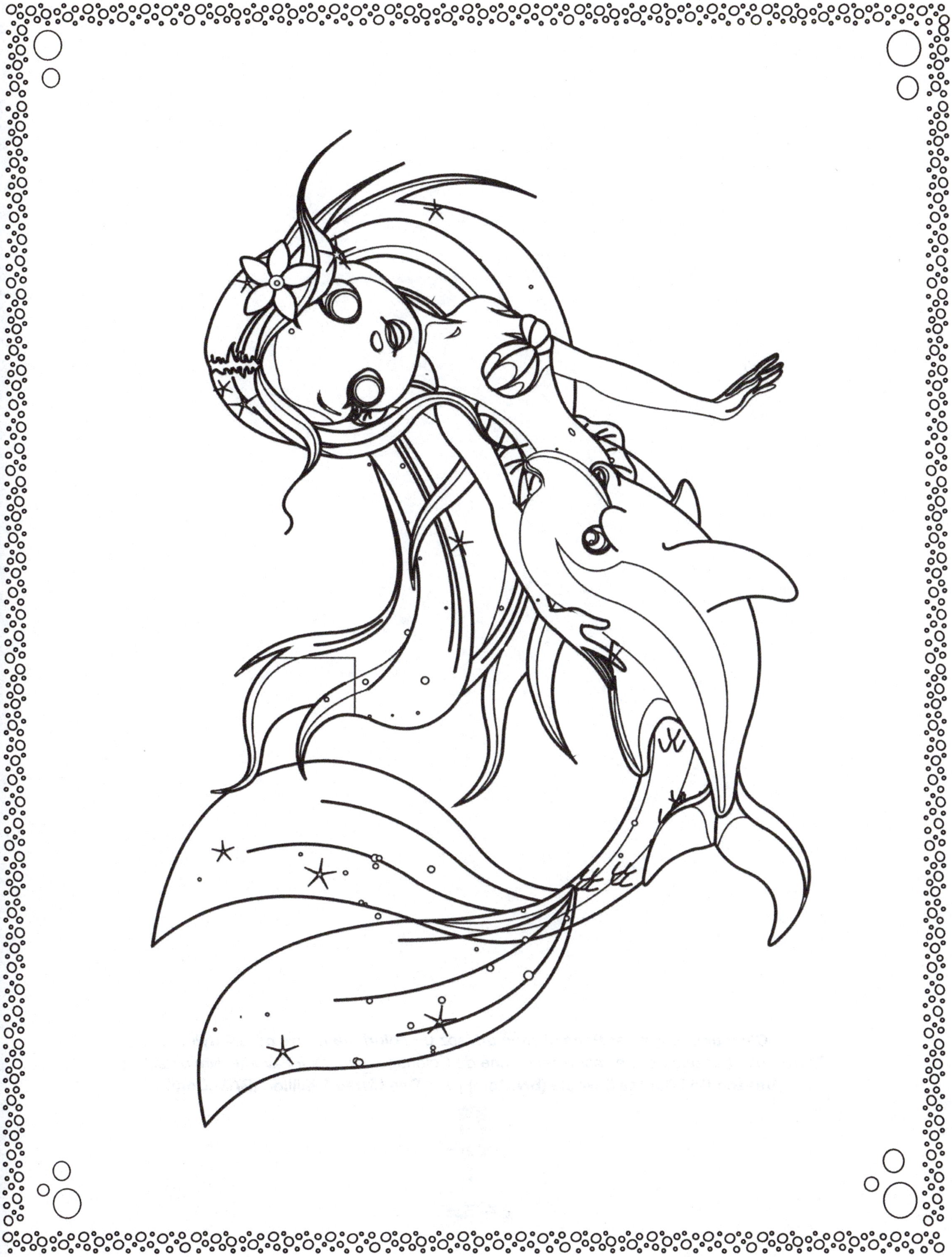

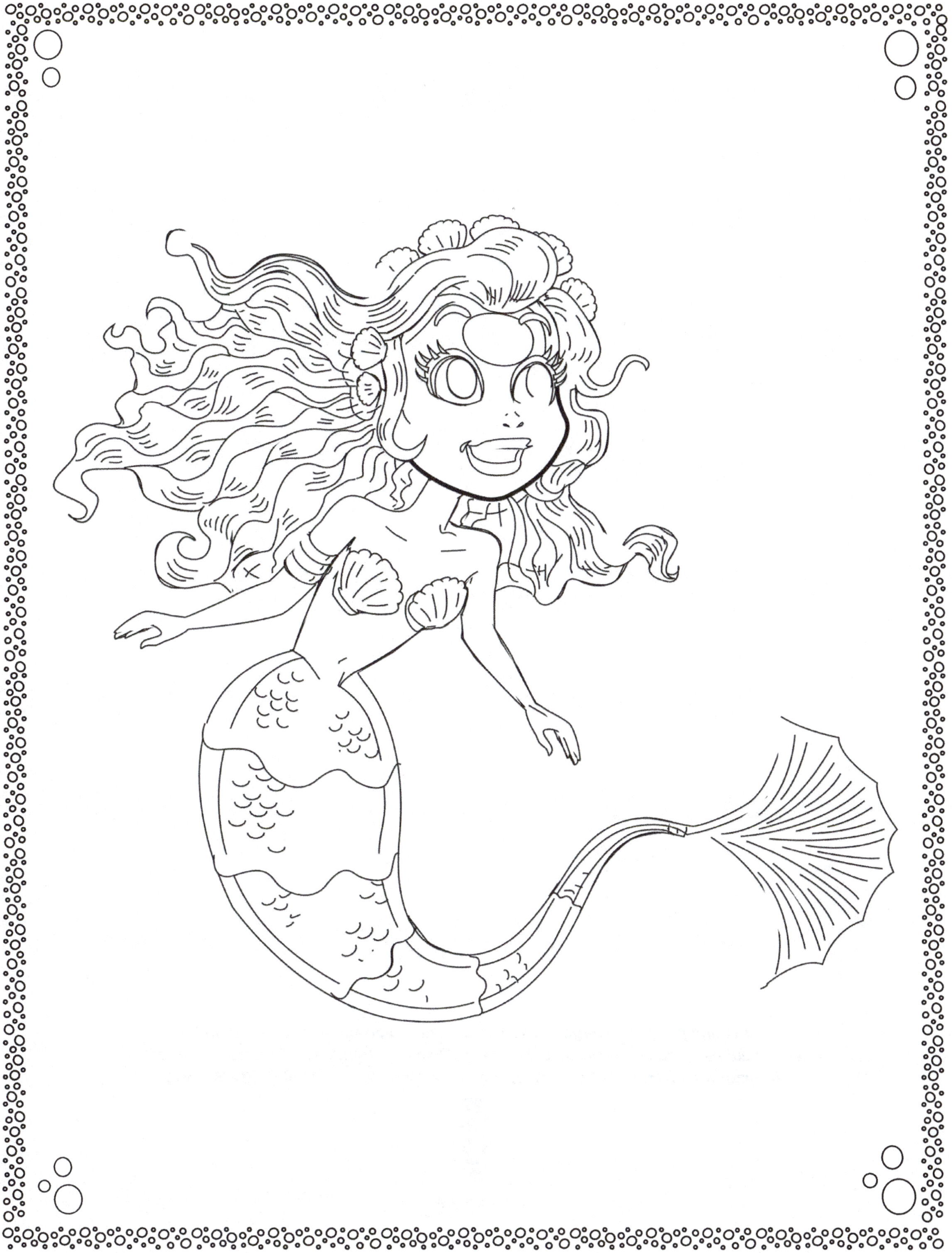

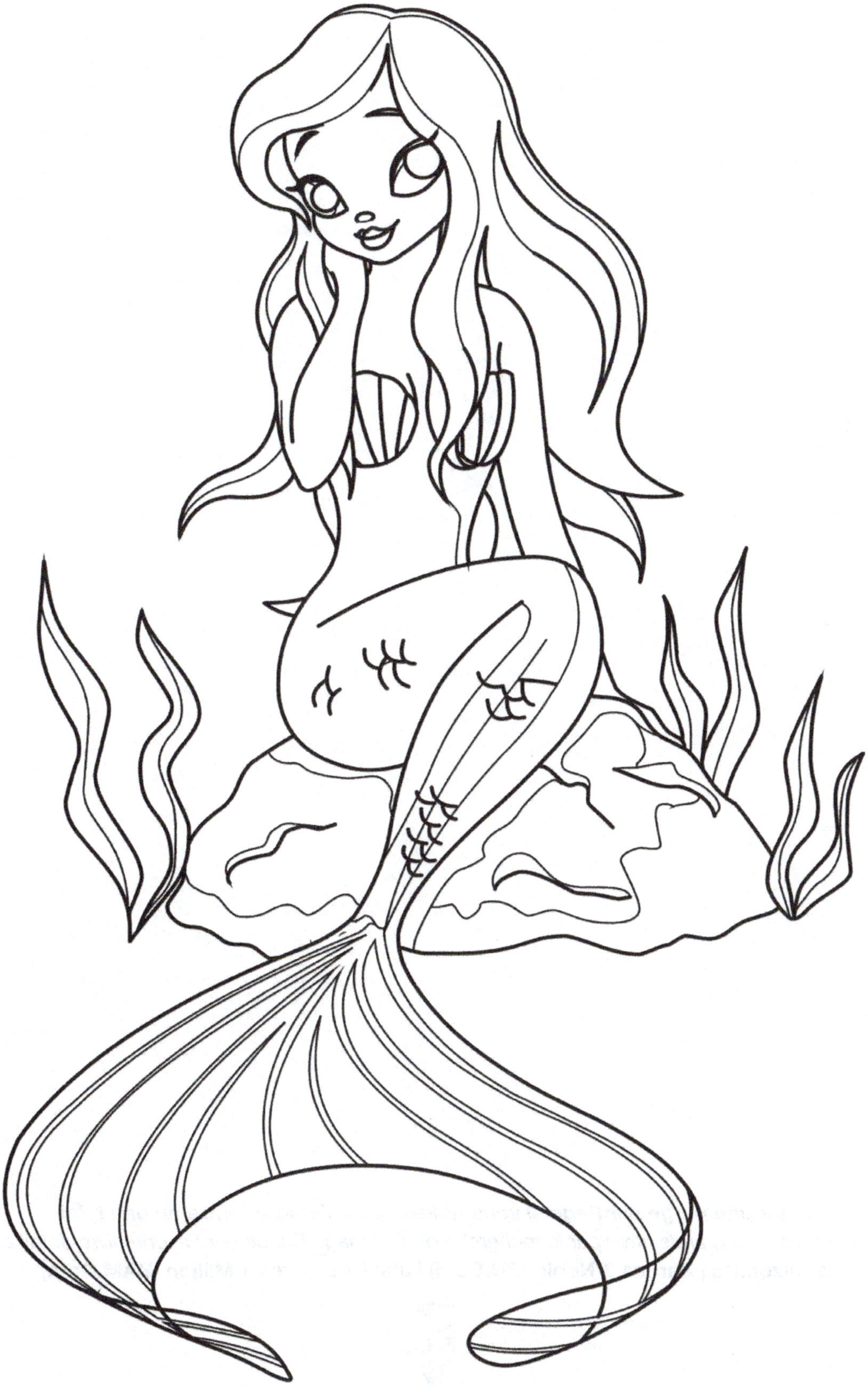

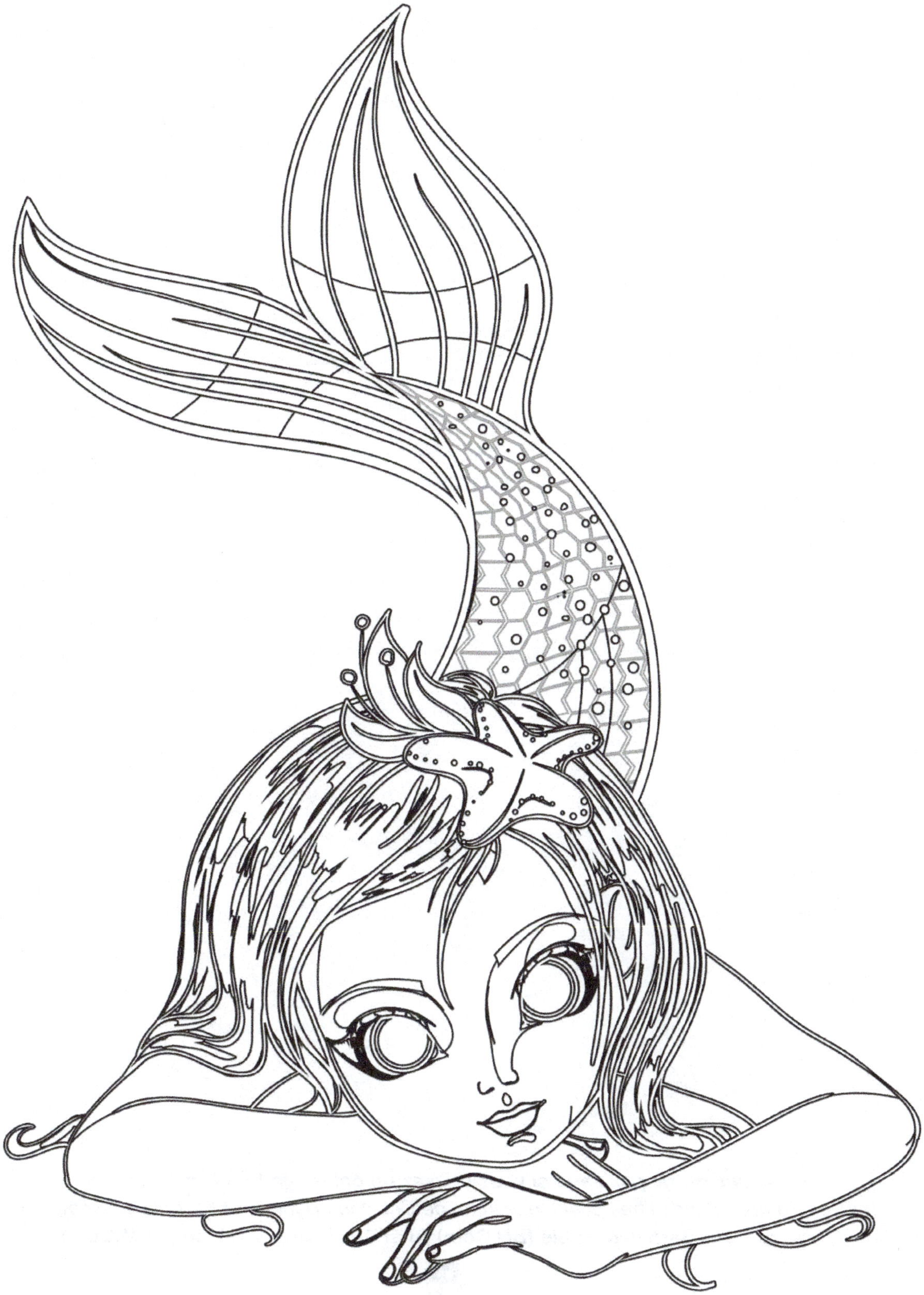

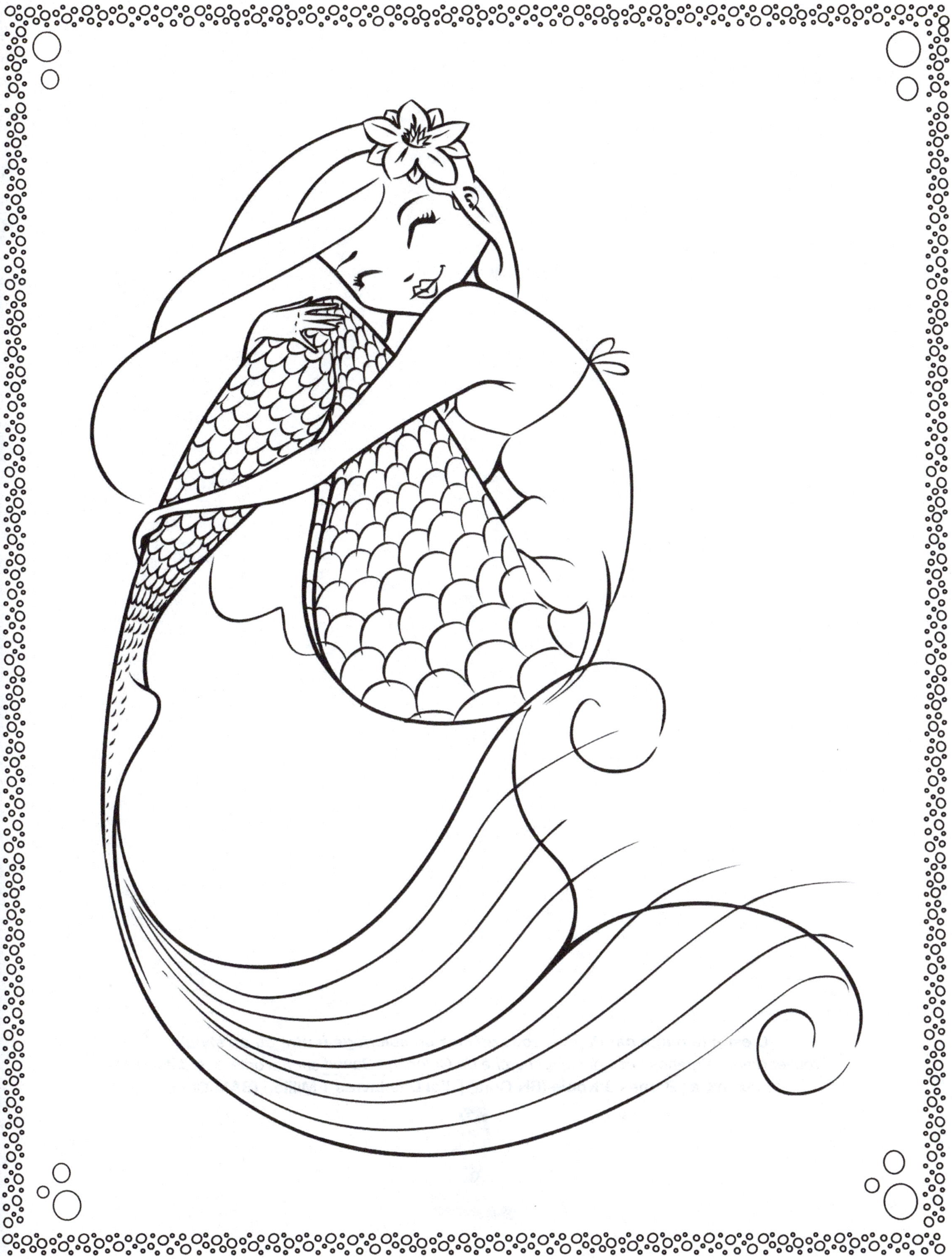

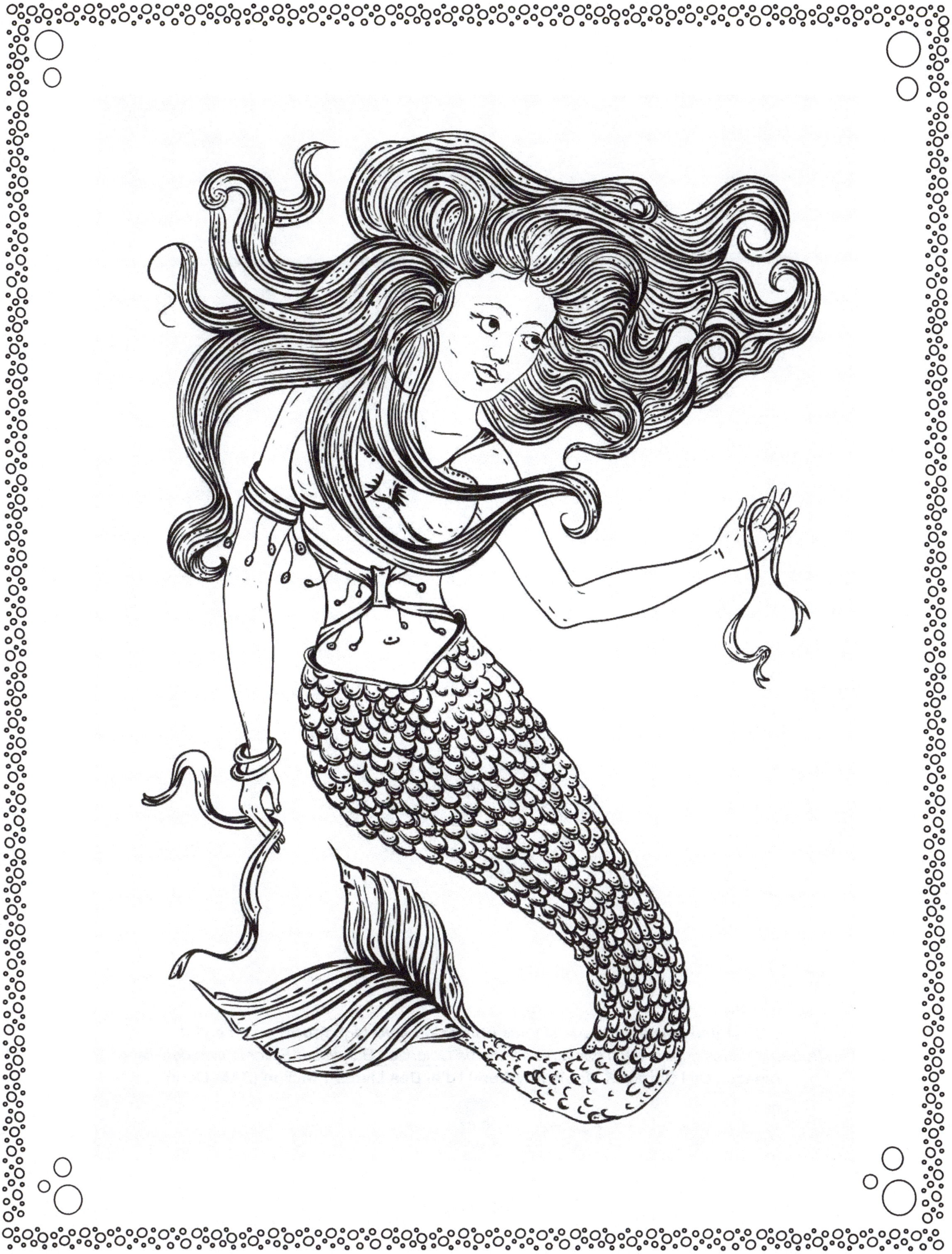

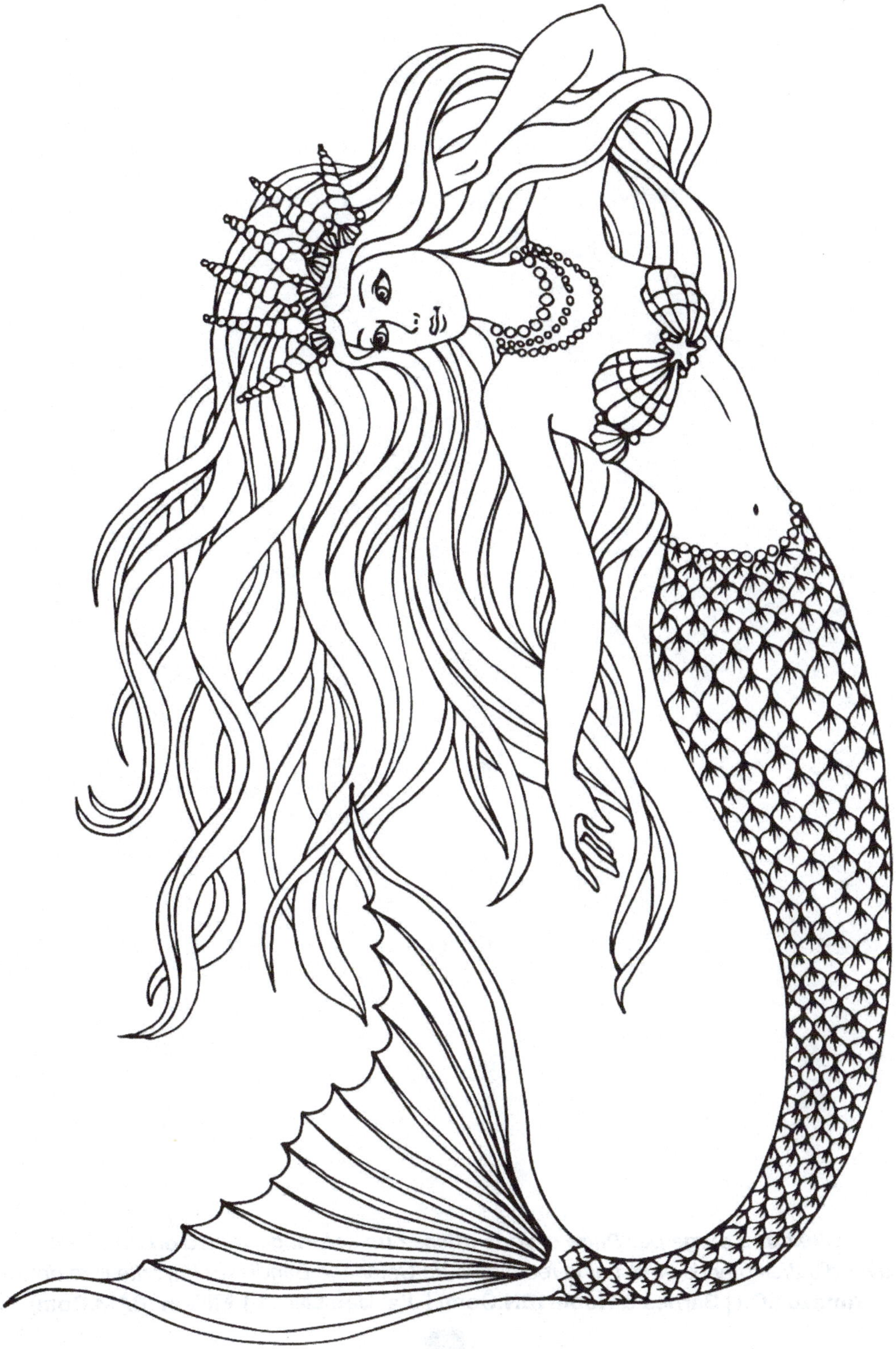

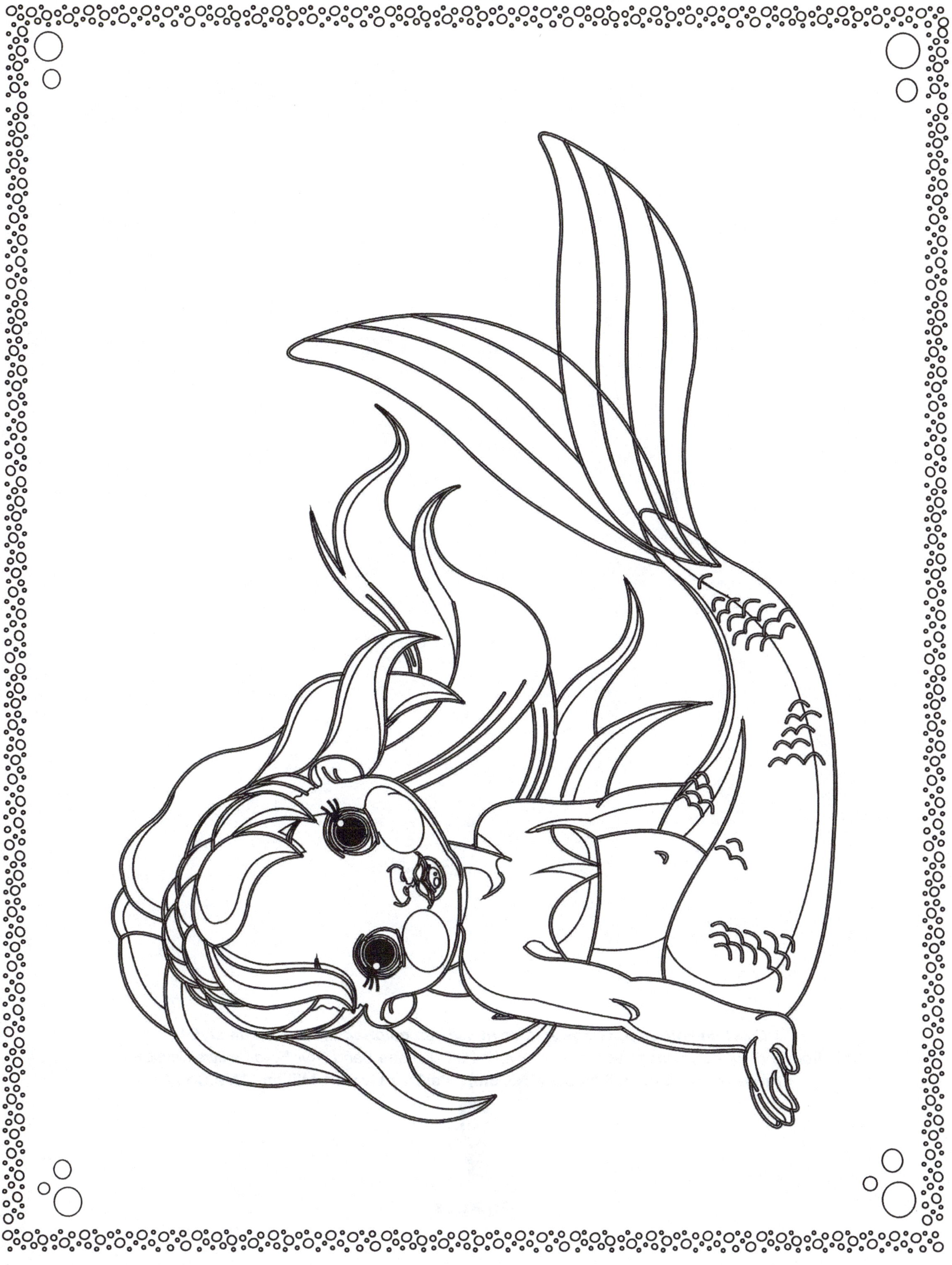

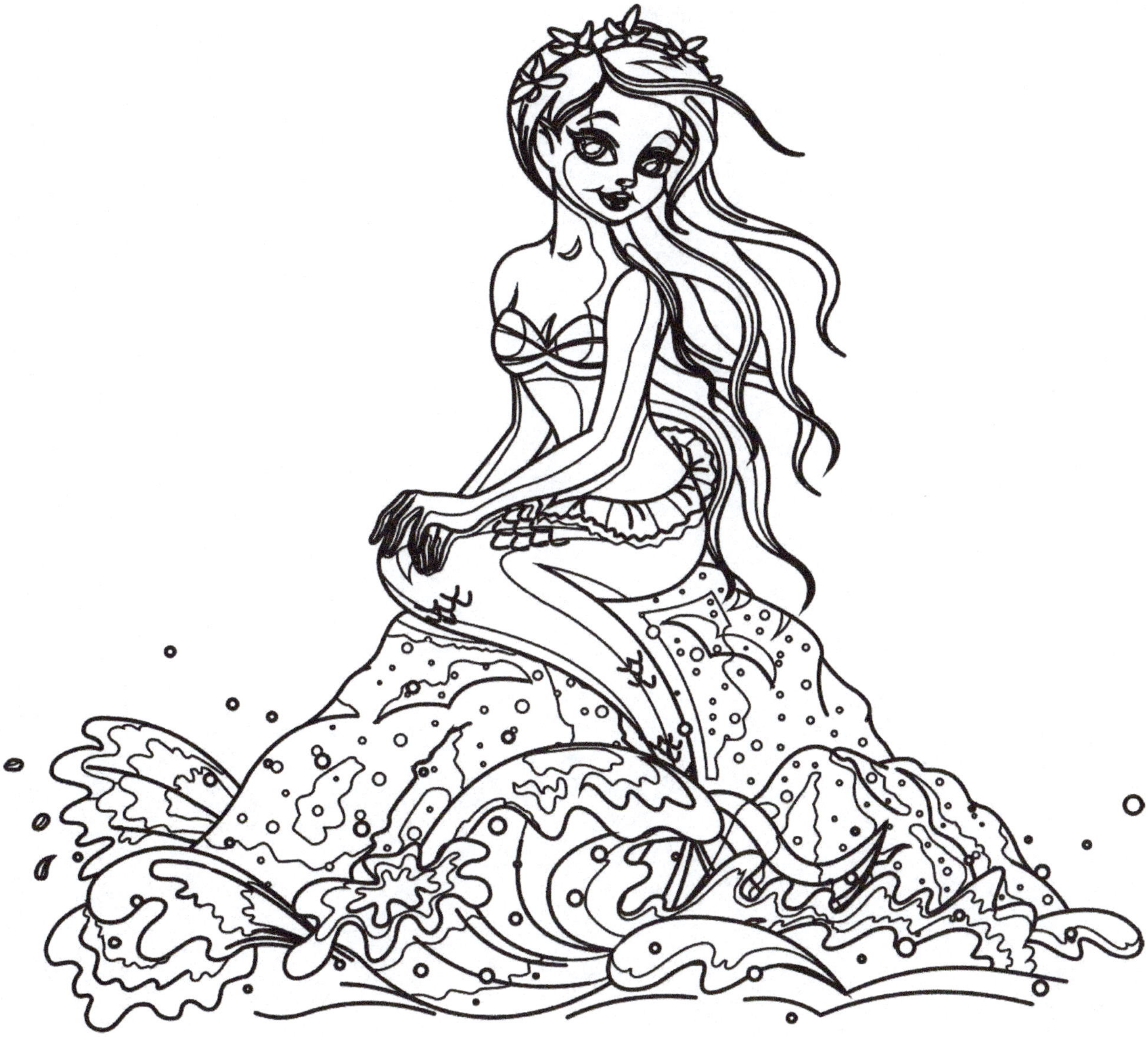

Made in the USA
Monee, IL
07 July 2026

56545661R00037